AF349570

ÉDIT DU ROI,

Portant suppression & recréation des Commissaires des Guerres.

Donné à Versailles au mois de Décembre 1783.

Registré en la Chambre des Comptes le 20 Janvier 1784.

LOUIS, PAR LA GRÂCE DE DIEU, ROI DE FRANCE ET DE NAVARRE: A tous préfens & à venir, SALUT. Nous nous fommes fait repréfenter les différentes loix émanées des Rois nos prédécefleurs, concernant la création, les fonctions & droits des Commiflaires provinciaux & ordinaires des guerres, & de ceux attachés aux différens Corps de notre Maifon militaire. Nous avons reconnu qu'il exiftoit dans la conftitution de ces Officiers une inégalité de titres, de finances & d'attributions, qui pourroit faire penfer qu'ils forment différentes clafles, tandis qu'ils n'en forment réellement qu'une feule; que l'objet de leurs fonctions eft le même; qu'elles doivent conféquemment être uniformes, ainfi que leur régime conftitutif; que les préférences de fonctions attachées à quelques-unes des charges defdits Commiflaires des guerres, étoient d'ailleurs

A

contraires au bien de notre fervice, qui ne peut admettre de diftinctions que celles qui réfultent de la différence des grades. Nous avons réfolu de réformer cette inégalité, en établiffant tous les Commiffaires des guerres fur le même pied, quant aux titres, finances & fonctions. A CES CAUSES, & autres à ce nous mouvant, de l'avis de notre Confeil & de notre certaine fcience, pleine puiffance & autorité royale, Nous avons, par notre préfent Édit perpétuel & irrévocable, dit, ftatué & ordonné; difons, ftatuons & ordonnons, voulons & nous plaît ce qui fuit:

ARTICLE PREMIER.

NOUS avons éteint & fupprimé, éteignons & fupprimons, à compter du 1.er Juillet 1784, les cent foixante-feize charges exiftantes de Commiffaires des guerres, dont trente-deux fous la dénomination de Commiffaires provinciaux; cent vingt-fept fous celle de Commiffaires ordinaires des guerres, dont les fonctions s'exercent dans nos places, garnifons & provinces, & dans nos Armées, tant au dedans qu'au dehors de notre royaume; les quatre charges de Commiffaires à la conduite, police & fuite des quatre compagnies de nos Gardes-du-Corps; les deux charges à la fuite des compagnies des Gendarmes & Chevaux-légers de notre garde; les fix charges à la fuite du régiment de nos Gardes-Françoifes; les deux charges à la fuite de nos Compagnies d'ordonnance, ou Corps de la Gendarmerie; la charge de Commiffaire général des Suiffes & Grifons; celle de Commiffaire de la compagnie du Prévôt de notre Hôtel, & celle attachée à la compagnie des Cadets-gentilshommes de l'École royale militaire.

I I.

NOUS avons pareillement fupprimé, en tant que de befoin & définitivement, les trois charges de Commiffaires des guerres ci-devant attachées aux compagnies fupprimées des Moufquetaires de notre garde & des Grenadiers à cheval; & les deux charges de Commiffaires de nos Compagnies d'ordonnance ou Corps de la Gendarmerie, lefquelles ont été provifoirement fupprimées par nos Ordonnances des 15 décembre 1775 & 24 février 1776, & au rembourfement defquelles il a été pourvu.

I I I.

NOUS avons créé & établi, créons & établiffons cent quatre-vingts charges & offices fous la dénomination de Commiffaires des guerres, pour remplir, par les titulaires defdites charges, les fonctions tant militaires que d'adminiftration qu'exerçoient les Commiffaires fupprimés par le préfent Édit, & qui leur font attribuées par nos Ordonnances; lefquelles nouvelles charges feront purement militaires & poffédées à vie, conformément à nos Déclarations des 20 août 1767 & 30 juin 1772, dont nous avons en tant que de befoin confirmé & confirmons les difpofitions.

I V.

DANS le nombre des titulaires des charges recréées & créées par le préfent Édit, il en fera choifi quatre fur la préfentation qui nous en fera faite, ainfi que par le paffé, par les Capitaines des quatre compagnies de nos Gardes-du-Corps, pour fervir près defdites compagnies; un pour la compagnie des Chevaux-légers, &

un pour celle des Gendarmes de notre garde, fur la préfentation des Capitaines-lieutenans defdites compagnies; deux pour notre régiment des Gardes-Françoifes, fur la préfentation du Colonel; un pour notre régiment des Gardes-Suiffes, fur la préfentation du Colonel général des Suiffes & Grifons; deux pour notre Corps de Gendarmerie, fur la préfentation du Commandant en chef; & un pour la Prévôté de l'Hôtel, fur la préfentation du grand Prévôt de France. Les autres titulaires exerceront leurs fonctions près de nos autres Troupes, y compris le Corps royal de l'Artillerie, dans les armées, garnifons, places & provinces, tant au dedans qu'au·dehors de notre royaume.

V.

LE prix de chacune defdites charges de Commiffaires des guerres recréées & nouvellement créées par le préfent Édit, fera & demeurera fixé uniformément à la fomme de foixante-dix mille livres, pour laquelle nous avons attribué & attribuons deux mille huit cents livres de gages par chacun an, fur le pied du denier Vingt-cinq, qui feront employés dans l'état du Taillon, à la déduction du dixième comme l'étoient les précédens.

V I.

JOUIRONT lefdits Commiffaires des guerres des foixante-quatre minots de fel de franc-falé qui étoient employés dans nos états au profit des trente-deux Commiffaires provinciaux des guerres, fupprimés par le préfent Édit; lefquels foixante-quatre minots feront diftribués par chacun an, à raifon de deux minots à chacun de ceux defdits Commiffaires des guerres qui feront employés dans un état qui fera arrêté annuellement par le Secrétaire d'État ayant le département de la guerre.

5

V I I.

Les charges rétablies par l'article III, feront exercées par les titulaires de celles fupprimées par l'article I.er en vertu des provifions qui leur en ont été ci-devant expédiées, fans qu'ils foient tenus de faire procéder de nouveau à leur enregiftrement, ni de prêter un nouveau ferment.

V I I I.

Les titulaires des charges fupprimées, dont la finance convertie en brevet de retenue étoit moindre de foixante-dix mille livres, feront tenus de remettre avant le 1.er Juillet 1784, entre les mains du Tréforier-payeur en exercice des dépenfes de la guerre, la fomme néceffaire pour compléter celle de foixante-dix mille livres fixée par l'article V; duquel fupplément le Tréforier leur délivrera quittance, qu'ils rapporteront avec leurs anciens brevets de retenue, entre les mains du Secrétaire d'État ayant le département de la guerre, pour leur être par lui expédié un nouveau brevet de retenue de ladite fomme de foixante-dix mille livres.

I X.

Tous ceux defdits Commiffaires qui n'auront pas fourni le fupplément de finance énoncé en l'article précédent, avant le 1.er Juillet 1784, feront déchus de la faculté qui leur eft accordée de reprendre un des offices rétablis par le préfent Édit; & il fera pourvu à ceux qui feront ainfi vacans, en faveur des perfonnes qui auront obtenu notre agrément, & après la confignation qu'elles auront faite de la finance entre les mains dudit Tréforier.

A iij

6

. X. .

LES sommes que les titulaires seront tenus de fournir
à titre de supplément, & celles qui seront consignées par
ceux auxquels nous accorderons l'agrément des nouvelles
charges créées par le présent Édit, seront employées au
remboursement des sommes que les titulaires des charges
de Commissaires provinciaux & de celles attachées aux
différens Corps de notre Maison, auront à prétendre, à
cause de la réduction de leurs brevets de retenue, &
ensuite de celles dont les titulaires n'auront. pu fournir
ledit supplément de finance, & ce d'après la liquidation
qui en sera faite par le Secrétaire d'État ayant le département de la guerre, & le surplus sera versé en notre
Trésor royal par ledit Trésorier des dépenses de la guerre,
auquel il en sera fourni quittance par le Garde de notre
Trésor royal.

X I.

LEDIT Trésorier comptera par un chapitre séparé
dans son compte des dépenses de la guerre, des recettes
& dépenses qu'il fera pour l'exécution du présent Édit;
& lesdites recettes & dépenses seront allouées, savoir, les
recettes, sur l'ampliation des quittances qu'il délivrera pour
le supplément ou les finances entières qui lui seront payées;
& les dépenses, sur les quittances de ceux qui auront droit
de recevoir les excédans de la finance fixée par le présent
Édit, ou le remboursement de ceux desdits Commissaires
qui ne se feront pas rétablir dans un desdits offices; le tout
avec copie collationnée en bonne forme, des brevets de
retenue qui ont été accordés sur chacun desdits offices.

X I I.

LES créanciers privilégiés sur les brevets de retenue

délivrés pour tenir lieu des anciennes quittances de finance des charges supprimées, conserveront leurs priviléges sur les nouveaux brevets de retenue délivrés en exécution de l'article VIII ci-dessus, à l'effet de quoi il sera fait mention dans lesdits nouveaux brevets, tant des affectations & priviléges dont les anciens étoient grévés, que des nouveaux priviléges & affectations en faveur de ceux qui prêteront le supplément du prix desdites charges rétablies, ou partie d'icelui.

X I I I.

LES titulaires des charges de Commissaires provinciaux & de celles près des Troupes de notre Maison, dont les brevets de retenue excèdent le prix fixé de soixante-dix mille livres, continueront d'être payés de leurs anciens gages jusqu'à ce qu'ils soient remboursés de cet excédant ; & quant aux Commissaires des guerres dont les brevets de retenue sont moindres, ils ne jouiront des nouveaux gages qui leur sont attribués par l'article V du présent Édit, qu'à compter du jour qu'ils auront payé le supplément nécessaire pour compléter ladite somme de soixante-dix mille livres.

X I V.

LESDITS Commissaires des guerres créés & rétablis par le présent Édit, continueront de jouir de tous les priviléges, franchises, libertés & exemptions qui leur sont attribués, & dont ils sont maintenant en possession.

X V.

INDÉPENDAMMENT des cent quatre-vingts charges de Commissaires des guerres que nous avons rétablies & créées par le présent Édit, nous maintenons nos très-chers & bien amés les Fils & Petits-fils de France, dans la faculté de nous préfenter chacun un fujet, à l'effet de recevoir le titre de Commiffaire des guerres, & d'en exercer les fonctions près de leurs perfonnes & pour la police de leur Maifon militaire feulement : Maintenons également nos coufins les Maréchaux de France, dans l'ufage de nous préfenter un fujet, à l'effet de recevoir le titre de Commiffaire des guerres, & ces titres ne pourront être renouvelés par lefdits Fils, Petits-fils & Maréchaux de France, que fur la démiffion, ou après la mort des fujets par eux précédemment préfentés, fuivant l'ufage obfervé jufqu'à ce jour.

X V I.

AUCUN ne pourra, à l'avenir, être employé en qualité de Commiffaire des guerres, s'il n'eft pourvu d'une des charges rétablies & créées par le préfent Édit, ou d'un titre conféré fur la préfentation d'un Maréchal de France : Voulons que la fignature de ceux qui ne feroient point pourvus d'une defdites charges, ou titres revêtus de provifions enregiftrées en notre Chambre des Comptes de Paris, conformément à l'article XVIII de notre Déclaration du 12 juin 1781, ne puiffe donner de validité à aucun acte, revue, arrêté ou fonctions quelconques de Commiffaires des guerres, ni être admife par notredite Chambre des Comptes.

X V I I.

NOUS exceptons des difpofitions portées en l'article précédent, les Commiffaires des guerres actuellement employés, qui fe trouvent exercer leurs fonctions en vertu de commiffions antérieures au préfent Édit, que nous leur avons accordées pour bonnes confidérations, & qui doivent être pareillement regiftrées en notredite Chambre des Comptes : Voulons néanmoins que la durée defdites commiſſions ſoit reſtreinte & limitée à l'eſpace de trois années, à compter de la date de leur expédition ; & que paſſé ledit terme de trois années, les pourvus de pareilles commiſſions ne puiſſent continuer leurs fonctions qu'en ſe faiſant pourvoir d'une charge pour laquelle ils auront l'agrément de préférence à tous autres, ou qu'en obtenant une nouvelle commiſſion, qui ne leur ſera expédiée dans le cas où le beſoin de notre ſervice l'exigera, que pour trois années ſeulement, & ainſi ſucceſſivement juſqu'à la ceſſation deſdites fonctions.

X V I I I.

A compter du jour de la publication du préſent Édit, les fonctions de Commiſſaire d'artillerie qui ont été exercées ſur de ſimples commiſſions, ne pourront l'être que par des ſujets pourvus de charges de Commiſſaires des guerres.

X I X.

Nous exceptons des diſpoſitions portées dans l'article précédent, les Commiſſaires d'artillerie actuellement employés ; à la charge par eux de prêter le ſerment ordinaire, faire enregiſtrer leurs commiſſions en notre Chambre des Comptes, & de ſe conformer, en ce qui les concerne, aux diſpoſitions de notre Déclaration du 12 juin 1781.

X X.

Si des cas extraordinaires, réſultans des beſoins de notre ſervice, exigeoient qu'il fût accordé par la ſuite des commiſſions pour exercer les fonctions de Commiſſaires des guerres, voulons qu'elles ne ſoient expédiées que par notre Secrétaire d'Etat au département de la guerre; & que lefdites commiffions, enregiftrées en notre Chambre des Comptes, foient limitées à l'efpace de trois années; & fi les circonftances obligeoient de prolonger les fonctions ainfi attribuées, nous entendons qu'il foit expédié de nouvelles commiffions, de même pour trois années, à l'inftar des premières, & ainfi fucceffivement jufqu'à ceffation defdites fonctions.

X X I.

NOUS avons fupprimé & fupprimons comme inutiles les charges ou commiffions de Commiffaires des guerres à la nomination du Gouverneur de notre ville de Lyon & province du Lyonnois, & toutes autres de même nature: Voulons que les particuliers pourvus defdites charges ou commiffions, ceffent toutes fonctions, fi aucune leur a été déférée, & qu'ils ceffent pareillement, & à compter du 1.er Janvier dernier, de jouir des appointemens que nous leur accordions fur l'impofition des Étapes de la généralité de Lyon ou autrement; le montant defquels appointemens fera verfé en notre Tréfor royal avec le furplus de ladite impofition.

X X I I.

NOUS avons pareillement fupprimé & fupprimons, à compter du 1.er Janvier dernier, l'emploi qui eft fait dans l'état des garnifons ordinaires de notre royaume, d'appointemens au profit de Commiffaires des guerres attachés à différentes villes, places & châteaux qui n'y faifoient aucunes fonctions. SI DONNONS EN MANDEMENT à nos amés & féaux Confeillers les Gens tenant notre Chambre des Comptes, que ces préfentes ils aient à faire lire, publier & regiftrer, & le contenu en icelles garder, obferver & exécuter felon fa forme & teneur: CAR TEL EST NOTRE PLAISIR; & afin que ce foit chofe ferme & ftable à toujours, nous y avons fait mettre notre fcel. DONNÉ à Verfailles au mois de décembre, l'an de grâce mil fept cent quatre-vingt-trois, & de notre règne le dixième. *Signé* LOUIS. *Et plus bas,* Par le Roi. *Signé* LE M.^{AL} DE SÉGUR. *Vifa* HUE DE MIROMÉNIL. Vu au Confeil, DE CALONNE. Et fcellé du grand fceau de cire verte, en lacs de foie rouge & verte.

Regiftré en la Chambre des Comptes, ouï & ce requérant le Procureur général du Roi, pour être exécuté felon fa forme & teneur; à la charge, fous le bon plaifir du Roi & conformément à fes intentions, de payer par les nouveaux pourvus les excédans de leurs finances dans fix mois, à compter du 1.er Février prochain; à la charge en outre par les Commiffaires des guerres dénommés au préfent Édit, pourvus de commiffions particulières du Roi, qui ne feroient pas regiftrées en la Chambre, de les y préfenter dans le délai de trois mois pour y être regiftrées. Et fera ledit Seigneur Roi très-humblement fupplié d'ordonner à l'époque du 1.er Juillet prochain, le rembourfement en deniers comptans des finances de Commiffaires des guerres qui font fupprimés & qui ne feroient pas rétablis, ainfi que le payement des excédans de finance revenant à ceux dont les anciens brevets de retenue font plus confidérables que ceux qui leur feront délivrés, & de confidérer que le nombre de cent quatre-vingts charges recréées par le préfent Édit, étant fuffifant pour le fervice dudit Seigneur Roi, il eft de fa juftice de ne plus accorder de commiffions extraordinaires. Les Semeftres affemblés, le vingt janvier mil fept cent quatre-vingt-quatre.
Signé *MARSOLAN.*

A PARIS, DE L'IMPRIMERIE ROYALE. 1784.